諷 詩 調·26

2012년 12월

박진환 제44시집

지성·감성의 메타언어
조선문학시인선·341

諷詩調·26

2012년 12월

조선문학사

■ 책머리에

諷詩調는 언술의 미학이다

諷詩調는 펀 · 아이러니 · 유머 · 골계 등 다양한 지적조작을 레토릭으로 구사, 시적 긴장과 즐거움을 동시에 체험하게 하는 언술의 미학이다.

2013년 初夏

박 진 환

박진환 제44시집 / 諷詩調 · 26

2012년 12월

차례

내가 나를 몰라보면

찬물로 세수하면 보톡스보다 효과적이란 내자의 말인즉
찬물에 얼어 주름이 안 생긴다는 이치쯤일 터, 헌데 어쩌지
봄 돼 얼굴 해동되면 얼었던 주름 죄다 펴져 내가 나를 몰라보면

좋것다

섹스천국 코리아란 말 버젓이 쓰데
그래선지 외국관광객들 두고 섹스관광이라고도 하데
좋것다, 그것 즐기고 눈도 즐기니

어찌 평등운운 하겠는가

'법 앞에 만인은 평등하다'는 말은 육법전서에만 있는 말
왕의 사람들이 지키는 법 따로 있고 돈 없고 빽 없는
민초가 지키는 법이 따로 있으니 어찌 평등운운 하겠는가

후안무치도 유분수지

비 오지 않아 거북등 된 논밭 목 타고 가슴 찢어지는데
4대강 보 막아 홍수 막았다고 입에 침 마르게 자랑
부실공사 부정 봇물 터지기 직전인데 후안무치도 유분수지

갈 곳이 없는 것을

스님 사찰은 했는데 목사님 사찰은 아직 미문
불법사찰 구실 삼아 극락이나 천당도 사찰하지 않을지
그러다 지옥 못 면하면 갈 곳이 없는 것을

내가 먼저여

옛 신라 땐 왕도 형님 먼저, 아우먼저, 이사금은 나이순으로 뽑힌 왕
근래 라면 선전은 권커니 뺏거니 형님먼저 아우먼저
요즘 세상, 권력 · 재력싸움은 위 · 아래 저리가라, 내가 먼저여

※ 이사금(尼師今) : 신라 3대 유리왕으로부터 18대 실성왕 때까지 사용되던 임금의 칭호로 이사는 잇금, 곧 이빨자국이 많은 쪽을 왕으로 뽑았다는 언어학적 설이니 이는 왕 경쟁자 중 나이가 많은 사람이 왕으로 추대됐다는 뜻.

적만 있는 세상이어서

현자는 적에게서 많은 것을 배운다던데 순구식 같다
신식으론 배우기보다 가르치려고 들거든
신식이건 구식이건 현자는 없고 적만 있는 세상이어서

정신의 승리 통합

둘을 합쳐 하나가 되는 통합은 논리 이전의 상식이다
둘 중 하나를 버림으로써 하나가 되는 통합은 논리를 초월함이다
정치논리를 초월한 곳에서만 이루어질 수 있는 정신의 승리 통합

정치 형의 형인 것을

통큰 형보다 동생의 통큰 양보가 어째서 더 감동적일까
정치로도, 협상으로도 이끌어내지 못했던 단일화를
스스로를 버림으로써 합쳐내는 희생은 정치 형의 형인 것을

순수지

밖으로 잠긴 문 안으로 열었으니 무슨 수를 썼을까
정치벙어리 자물통, 열쇠 없이 연 걸 보면 수도 큰 수인데
무슨 수냐고? 술수도, 속임수도, 꼼수도 아닌 순수지

이기로만 살데

스스로를 버렸을 때만이 스스로를 넘어설 수 있다
욕망의 무게도, 허욕의 무게도 다 버렸을 때만이 허용되는 이타
사람들은 지녀야 할 이타는 버리고 버려야할 이기로만 살데

살신성인 아니던가

절개를 지키기 위해 스스로를 죽이는 일이 어디 그리 쉬운가
절개니, 지조니, 이타란 말 고전이 된지 이미 오래인 이 시대에
한 대권주자의 의로운 자기희생에서 살신성인을 배운다

척도운운이라니

대인은 대의에 입각해서, 소인은 사익에 입각해서 판단한다
대인은 남을 척도로 자신을, 소인은 자신을 척도로 남을 판단한다
부질없어라, 대인 · 소인 따로 없는 세상에 척도운운이라니

물러서는 법도 배워야

앞만 보고 가기에도 바쁜데 전후좌우 살필 겨를이 어디 있냐고?
허긴 열외나 낙오 면하려면 뛰고 또 뛰어 나아가야지
헌데 물러서는 법도 배워야 해, 가까이 다가가면 큰산은 안보이거든

맹인지대

꽃은 가까이서 볼수록 아름답고, 이상은 멀리서 볼수록 더 아름답다
눈으로 볼 수 있는 것과, 눈 없이도 볼 수 있는 것이 있음이다
눈 없이도 볼 수 있는 더 아름다운 것을 눈 뜨고도 못보는 맹인지대

웃물 보나마나지

공공기관 청렴도 조사결과 검·경·국세, 세 청자 들어간 곳 최하위

청을 맑을 청자로만 알았던 부끄러운 무식

웃물이 맑아야 아랫물이 맑다던데 아랫물 이러하면 웃물은 보나마나지

소설 전후

외발로 찍고 간 비의 발자국을 밟고 바람이 달려가고
달려간 길 따라가지 못한 낙엽 몸부림치며 통곡이다
떠돌이 길손의 항방은? 의문부 발자국삼아 찍고 가는 이 시대의 방황

의구심이 한짐이지

대선주자들이 제시한 정책대로라면 세계일류국은 시간문제
OECD국 중 단골메뉴 꼴지 면하는 것도 시간문제
헌데 어째서 모언이나 솔구이발 아닐지 의구심이 한짐이지

※ 모언(貌言) : 실없는 말.

※ 솔구이발(率口而發) : 입에서 나오는 대로 함부로 하는 말.

허망 중의 허망인 것을

연일, 비단보자기로 포장된 대선주자들의 정책, 무지개빛깔이다
모든 존재의 현상은 허망하다는 법구경의 말씀 틀리지 않았다면
존재도 찰나의 존재인 무지개는 허망 중의 허망인 것을

새판 짜면 되지

수뢰검사다, 섹스검사다, 검찰총장 사퇴다 해서
검찰청 말씀이 아니던데, 말씀이 되려면 어찌하면 될까?
말 돼서 뭘 하게, 망가진 김에 확 망가져 새판 짜면 되지

딱도 해라

MH정부 실패한 정부였다면 MB정부는 성공한 정부였나?
대선주자들의 눈엔 성공한 정부는 안 보이는 모양인데
자기만 성공할 것으로 믿는 믿음, 딱도 해라 백성들은 안 믿거든

금 중의 금이지

타인 존경이 처세의 제1조건, 거꾸로 경멸은 처세 실패 제1조건
침묵은 완전한 경멸의 표현이라던데 침묵은 금이란 말 허사였나
허긴 처세 따위 경멸하는 침묵은 금 중의 금이지

'가'는 없는 것을

정치쟁이는 다음 선거를, 정치가는 다음 시대를 생각한다던데
같은 줄 알았더니 '쟁이'와 '가'는 천지차이구나
천지차이면 뭘 해, 천지간에 '가'는 없는 것을

절대진리다

권력은 부패한다, 고로 절대권력은 절대로 부패한다
이 이치, 진리건 허위건 사실이다, 그것도 절대사실이다
사실이란 곧 진리, 고로 진리인 절대사실은 절대진리다

찾아볼 수 없으니

겸양은 천국의 문을 연다는 말 맞는 말이라면
푸른집 문 열기도 다를 바 없을 터, 헌데 대선주자들
정책만 잔뜩 전시할 뿐 양고심장고허는 찾아볼 수 없으니

※ 양고심장고허(良賈深藏苦虛) : 큰장사꾼은 가게 앞에 물건을 진열하지
않는다는 뜻으로 현자는 훌륭한 덕이 있어도 이를 감추고 과시하지
않는다는 뜻으로 曾子의 말.

취할 몫은 없어서

옛 중국 연나라 때 소대의 명재담 조개와 두루미 일화
연과 조가 맞붙으면 전리품은 진이 취할 거라는 일종의 메타폰데
여·야 정치싸움 아무리 지켜봐도 국민이 취할 몫은 없어서

※ 소대(蘇代) : 논객 소진(蘇秦)의 동생으로 연나라와 조나라가 전쟁을 하면 그 중간에서 진나라가 이익을 취할 것이란 내용을 조개와 두루미의 우화적 일화로 엮어낸 인물. 두루미가 조개를 쪼자, 조개가 입을 다물어 물린 채 꼼짝 못하고 있는데 이때 지나가던 어부가 둘 다를 취했다는 戰國策에 나오는 일화.

건방떨기 허세거든

누항자락이라 했던가,
동굴살이도 부끄러워하거나 불평 없이 살면 지족불욕일까?
웃기지말 것이 자랑 아닌, 지지리 못난 호기도 못된 허세거든

※ 누항자락(陋巷自樂) : 더러운 곳에서 천하게 살면서도 스스로 만족하고 즐김.

※ 지족불욕(知足不辱) : 만족할 줄 알면 욕되지 않는다는 뜻.

권커니 망우물

머리 아닌 마음속에서 자란 幽愁가 백발삼천장
가위질로는 잘라낼 수 없는, 잘라낼수록 웃자라는
처방전 없는 것 아니니 벗해보시겠는가? 권커니 망우물

※ 백발삼천장(白髮三千丈) : 흰머리털이 길게 자란다는 뜻으로 근심이 많음에 비유한 말.

※ 망우물(忘憂物) : 시름을 잊게 하는 물건이란 뜻으로 술을 일컫는 말.

다다반사거든

"늙으면 빨리 죽어야 돼", 어느 판사의 막말 견책 처리두고
솜방망이 처벌이니, 제집안 감싸기니 해쌌던데 처리 옳았어
막말 정도는 다반사, 문책 · 감봉 차원의 고함 · 폭언 다다반사거든

아가리질일까

리모컨 눌렀다하면 터지는 가사도 · 곡도 · 음악성도 소음차원인 노래
망각을 위한 가장 아름다운 방법이 노래라던데, 뭘 잊고 싶은 걸까
무슨 지우고 싶은 것들이 그리 많아 망각 곡선의 아가리질일까

그럼 울음인가?

소음차원 아니면 정위상간 못 면하는 조가야현
무슨 태평성대라고 리모컨 켰다 하면 소리소리 질러대는지
음악이 있는 곳에 웃음이 있을 수 없다던데, 그럼 울음인가?

※ 정위상간(鄭衛桑間) : 사람의 마음을 어지럽게 하는 좋지 못한 음악.

※ 조가야현(朝歌夜絃) : 아침저녁 구별 없이 음악을 연주하는 것.

그런 거 또 하나 있지, 우리 詩

좋은노래도 세번 부르면 귀가 싫어하고, 좋은노래는 세번 불러도 좋다는
옛분들 말씀, 한 번에도 싫증난 노래, 천 번 불러도 좋은 노래
그것이 천한 노래, 귀한노래 차이, 그런 거 또 하나 있지, 우리 詩

노랑내에 똥칠까지

하루가 멀다 하고 총질 일삼는 미국인들
해외파병으로 흘린 피론 부족했는지 연일 뉴스 피로 쓰데
달지유혈로는 못 고칠 노랑내에 똥칠까지

※ 달지유혈(撻之流血) : 매로 때려 피가 흐름.

이름값하고

G2는 패권주의 앞세워 줄다리기 힘자랑 하고
OECD는 꼴찌 앞세워 선진국 행세 하고
꼴찌 못면한 곱사등 한반도는 꼬리, 꼬레, 꼬리아로 꼴찌 이름값하고

구걸성 복지유체면 지옥

고령자 취업 코리아가 OECD국가 중 최고래

노인천국인가, 노인지옥인가?

복지성 취업이면 천국, 구걸성 복지유체면 지옥

※ 복지유체(伏地流涕) : 땅에 엎드리어 눈물을 흘림.

독감독감 하지 말고 감독감독 잘해

매스컴마다 독감주의보 뉴스로 내보내던데
독감에 걸린 것이 어찌 사람뿐인가, 정치 재채기 콧물로
세상 온통 정치 독감앓이, 독감독감 하지 말고 감독감독 잘해

뭣 하러 보험 들어

암암암암, 보험 들라는 광고 듣다 귀암 지레 걸릴 판
마음 어둡고 희망 없으면 암 걸리기에 딱인데, 어쩌지
새누린 어둠 없는 빛과 희망의 시대라는데 뭣 하러 암 보험 들어

눈이 열리거든

천려일득, 천려일실은 얻음과 잃음, 이익과 손해 같은 양극 상반
물질의 잣대로 재면 그러하나 지혜의 잣대로 재면 달라
얻은 것 중에 버린 것 있고, 잃은 것 중에 거둔 것 있는 눈 열리거든

쌍 족쇈데

인사도 정책도 만사불통, 인선도 사임도 만사밀봉, 불통에 밀봉이면
숨 막혀 어찌 사나? 사나 거꾸로 돌리면 나사, 나사로 입 죄어
입마다 벙어리 되면 하나님 특허품 +자 드라이버로도 못 열어

공염불 안 될지

불통은 철마화통 쇠바퀴 굴리고 밀봉은 밀봉기로 병마개 여는데
정치 불통·밀봉은 굴리던 바퀴 세우고 열린 병뚜껑도 되닫지
그러다 막히고 닫힌 귀 입 못 열면 상생·공생 큰말씀 공염불 안될지

불충 용서를, 하나님

통자 돌림에 고통 · 복통 · 골통 · 먹통은 이복들이고 적자는 불통
적자 不通에 불평 · 불만 · 불행 등이 악의 고리로 항렬같이하고 있으니
악에는 대적하지 말라는 말씀, 거역하는 불충 용서를, 하나님

털깎기 운동

제2 새마을운동 운운 하던데 아직도 헌마을 있나?
기와지붕, 콘크리트 골목 마을마다 새마을 된지 이미 오래
이젠 새국민운동으로 털깎기 운동해야 해, 양심에 난 짐승스런 털

몰라보겠데

요즘 국민들 화두, 새정부 공약이행 위한 돈 어디서 나올까?
입입마다 의문부 혀에 걸어 돼지주둥이던데, 거기다가
답 못들은 귀들은 나귀귀로 웃자라 코리언 얼굴 반은 달라졌어

머물 곳 못되는 것을

이름은 雪客이나 눈 오기 전 눈 없는 곳으로 날아가야 하는 길손인데
때 묻고 얼룩진 속진, 옥분으로 덮어도 덮어지지 않는 홍제천변
어쩌나, 雪客이 날개 접고 머무를 곳 못되는 것을

도지지나 않을지

박정권 재원확보 국민 70%가 고개 갸우뚱
갸우뚱이 도리질로 변하면 중증 부정인데
30% 긍정으론 못 막을 부정, 정부 부정으로 도지지나 않을지

난파·침몰 못 면해

4대강 보로 물막이는 했는데 입은 보로 못 막을 듯
말은 물과 달라 혓바닥 하나로도 콘크리트 보 무너뜨리거든
말봇물 터지면 정치구축함도 난파·침몰 못 면해

구실아치 안 될지

4대강 공사부실, 실부 밝혀 땜질해야 땜구실 해
제구실 못하면서 口實만 찾지 말고 구실재아 하면
강도 살고 스스로도 살 것을 구실만 앞세우다 구실아치 안 될지

※ 구실재아(咎實在我) : 남의 허물이 아니라 자기의 잘못이라고 스스로 인정하는 말.

돌팔매 될까 걱정

새정부 갖가지 공약, 과연 실현될까? 찍느니 의문부던데
눈위 발자국관 달리 이마로 찍은 의문부는 굳으면 돌멩이 돼
봄 돼 환연빙석 되면 좋으련만 굳이 안 녹으면 돌팔매 될까 걱정

※ 환연빙석(渙然氷釋) : 左傳에 나오는 말로 의심이 얼음 녹듯이 풀리어 없어짐을 뜻함.

혈세가 피인 것을

국가관행에 법정경비의 14배가 넘는 특정업무경비란게 있다데
위법이지만 관행이라는 규정에도 없는 월급봉투 외의 비밀봉투
수구여병도 유분수지 국가가 국민을 속이다니, 혈세가 피 아니던가

※ 수구여병(守口如甁) : 입을 병마개 막듯이 꼭 봉한다는 뜻으로 비밀을 잘 지킴을 이르는 말.

잠은 자 뭘해

불면증 코리언이 OECD국가 중 최고래
무슨 근심 · 걱정 · 소환 · 못이룬 한이 그리 많아 불면증에 시달릴까
허긴, 자봤자 꿀 꿈 없고, 꿔봤자 이룰 일 없으니 잠은 자 뭘해

관행 · 1

불법인줄 알면서도 관행이라 묵인? 묵인은 곧 승인이란 등식

알면서 모르는 체하는 쳇병이 불치병 관행 아니던가?

그것도 국가의 묵인이라니, 범인도 공범도 국가인 셈

관행 · 2

고질병 관행은 피를 먹고 자라는 암덩어리
인술로는 잘라낼 수도, 도려낼 수도 없는 피고름주머니
딴봉투 챙기는 나리님들, 당신들은 불치병 암환자들이야

관행 · 3

관행이란 고질병 도려내면 국민 혈세 반으로 줄일 수 있어
노인 1인당 20만원 저리가라여, 50만원으로 지불 늘릴 수도 있어
헌데 어쩐다, 칼로는 도려낼 수 없는 돌로 굳은지 오래여서

관행 · 4

딴봉투 관행이란 봉투 아닌 관제 드라큘라 기르는 피주머니
잘라내고 도려내지 않으면 드라큘라 천국돼
천국의 희생양, 그게 흡혈귀의 밥이 되는 민초들이어서

관행 · 5

나랏님, 새나라 새나랏님도 관행이란걸 아시나요?
딴봉투라는 게 나랏돈으로 지불되는 혈세란 것도 아시나요?
그보다 더 무서운 정부 불신 관행도 관행이란걸 아시나요?

관행 · 6

법에도 조례에도 없는, 묵인은 곧 승인이라는 등식의 관행
습관은 제2의 천성이란 공자님 말씀대로 관습이 돼버린 관행
불법 · 부정 · 비리가 천성이 되어가는 코리아의 전매특허품 관행

문 하나 더 달면 됐을 걸, 헛일 말고

정부 4대강 자기검증 놓고 야선 고양이에게 생선 맡긴 격

검증 당사자인 감사원에선 심각한 사태라고 하던데

진작에 감사원 문 닫고 총 대신에 문 하나 더 달면 됐을걸, 헛일말고

삼세판을 더 좋아하거든

북 3차 실험 할까? 안 할까?

두 의문부 사이에 놓고 세계의 눈 짝짝으로 사시되던데

조선사람 습성, 3자는 물론 삼세판을 더 좋아해서

해동은커녕 동해만 되니

남북관계 춘삼월에도 해동은 글렀나보다
그놈의 핵은 불덩이 중에서도 초메가톤급 왕불덩인데
터뜨렸다 하면 초메가톤급 얼음, 해동은커녕 동해만 되니

청감(圊感) 느끼게 하데

청감(淸勘)은 깨끗이 모두 마감한단 뜻으로 쓰이는 말인데
청감 사이에 빙점하나 끼워 넣었더니 청·감으로 나뉘어지데
나뉘어져 4대강 마무리 못했는지 청감(圊感) 느끼게 하데

※ 청감(圊感) : 일종의 조어로서 圊이 뒷간 청이니 圊感이면 뒷간에서
느끼는 것 곧 구린내를 느낀단 뜻쯤이 됨.

구린내만 더하거든

업무추진비란 명목의 봉투 외의 딴봉투, 공개 판결해놓고
정작 사법부는 공개거부로 침묵
침묵은 금이라고? 금은 무슨 놈의 금, 입안열면 구린내만 더하거든

꼴찌 못 면하는 꼴이야

OECD국가 중 출산율 코리아가 꼴찌

꼴찌 면하려면 꼬리에 꼬리께나 달아야할 판에

꼴찌 꼬리 잘라내야 하니 이래도 저래도 꼴찌 못 면하는 꼴이야

살인 불감증 환자 같아서

하루가 멀다 하고 총질해도 올림픽사격 금 땄단 말 못 들었어
과녁과 가슴은 다르거든, 과녁은 정신이, 가슴은 살의가 겨누거든
가슴 과녁삼아 난사 즐기는 미국인들 살인 불감증 환자 같아서

목마르트 언덕

표현 욕구 갈증으로 목마르다, 목마르트 언덕에 서면
헌데 이젠 목축이겠데, 스타의 꿈 적셔준 스타박스 언덕에 문열거든
갈증 푸는 건 좋네마는 캔버스에서 커피향 아닌 노린내 안 날지

사면풀이

赦免 맞아 赦免 권한 행사타 국민여론 四面受敵으로 둘러싸면
안그래도 말년 가파른 斜面 길에 사면초가나 안 될지
사면도 다섯에 사면자 더한 55인이니 烏蛇로 잘못알고 돌멩이 던질라

※ 사면수적(四面受敵) : 사면에서 적의 공격을 받음.

※ 오사(烏蛇) : 먹구렁이.

낙법이나 익혀야 할 판

APT 똥값신세, 즐길 수도 탓할 수도 없는 것이
높은 것만 좋아하다 당한 날벼락 아니던가
등태산이소천하는 옛말, 지금은 낙법이나 익혀야 할 판

※ 등태산이소천하(登太山而小天下) : 높은 산에 오를수록 세상이 낮아 보인다는 뜻이니 높은자리에 오르면 세상사람들을 얕봄에 비유한 말.

왕왕 구식이지

왕자무친이란 옛분들 말씀 왕 구식법도데
나랏님 특별사면 보니 유친이 왕 신식이데
허긴, 신식 세상에 무친·유친 따지는 게 왕왕 구식이지

※ 왕자무친(王者無親) : 임금이라도 국법 앞에서는 사사로운 정으로 일을 처리하지 못함을 이르는 말.

글자값 한게지

총리지명자 청문회 직전에 사퇴, 사퇴원인이 밀봉이었다네
밀봉이 꿀벌의 벌봉자였으면 여왕 잘 모셨을 텐데
빽빽할 密에 무덤 封자였으니 글자값을 한게지

어느 것이 정답일지

청빈이 있는, 그 기쁨이 있는 곳에서는 탐욕도 강욕도 없다
프란체스코의 말이나 추호불범이란 옛분들 말 같은 뜻이거니
헌데 요즘 세상 잣대론 청빈은 곧 무능이니, 어느 것이 정답일지

※ 추호불범(秋毫不犯) : 몹시 청렴하여 남의 것을 조금도 건드리지 않음을 일컫는 말.

황소걸음 안 될지

나로호 발사, 우리가 좋아하는 삼세판만의 성공이니 축축축하
헌데 반쪽 성공이어서 축하도 반반, 온온온 축하는 시간문젠데
그 시간이란 게 초음속 위성에 비해 황소걸음 안 될지?

황금무덤인 것을

깊이 묻으면 묻을수록 무덤이 되는 검은돈의 금맥
명당값 하는지 연희동 전씨 가문에 그런 금맥 있었네
헌데 어쩐다, 무덤 없이도 무덤이 되는 황금무덤인 것을

사공이 없었거든

나랏님 새해 첫말씀, 수도선부라 하셨던데
물 없어 배 안 떠올랐던가, 4대강 봇물 빵빵하거늘
문제는 막힌 물고에 배 있어도 저어나갈 사공이 없었거든

※ 수도선부(水度船浮) : 물이 차오르면 배가 뜬다는 뜻으로 이명박 대통령의 癸巳年 새해 인사말.

있던 물도 빠져나가 버린걸

수도선부라, 물 없어 배 안 떠올랐던가
보에 갇힌 막힌 물 因徒 못면하고, 水道마다 얼어붙어 물 끊겼거니
어찌 물 차오르길 기다리랴, 정권 누수로 있던 물도 빠져나가버린걸

어둠 물러설까?

해오름, 해내림, 새해맞이길 소원빌러 나서던데

빛이 그리워서일까? 마음이 어두워서일까?

빛으로 어두워진 마음 빛으로 밝히면 어둠 물러설까?

피로 쓴 시집이나 한권 낼까

신년 초하룻날부터 작은 상처지만 재수없이 피를 흘렸다
까짓 피쯤이야 머큐롬 발라 멈출 수 있지만, 마음으로 흘리는 피
적자인생의 출혈은 지혈제가 없으니 한권 시집 피로나 쓸까

떠올렸을까

옛분들 말씀에 구시상인부란 말 있던데
입을 화로, 혀를 칼로 봄과 같은 생각에서 나온 말인듯
세분 대권주자 TV토론 지켜보며 왜 옛분들 말씀 떠올렸을까

※ 구시상인부(口是傷人斧) : 입 잘못놀리면 사람을 죽이는 도끼와 같다 함이니 말을 삼가야 한다는 뜻으로 쓰이는 말.

믿거나 말거나

산과 하늘이 키재기를 하는데 하나님과 산신령님이 만났다
산신령 왈, 산과 하늘 어느 쪽이 더 높다고 보시는지요?
산이죠, 산은 높이로 재고 하늘은 넓이로 재니 높이가 없음이지요

허긴 무답이 그뿐인가

돌부처님과 산신령님이 구름을 보고 "구름이 바람을 끌고 가네요"
돌부처님 말씀에 산신령님 왈 "서로 동무하고 가네요" 했다
대선주자들은? 하늘 쳐다볼 일 없으니 무답, 허긴 땅보기에도 바쁜데

무악재 시편

홍제동 무악재, 이름 毋岳은 산이 없음인데 버젓이 山 높고
속음 毋岳으로 풀어도 어미가 산을 품음이니 山 있음이 아니던가
있음을 없음으로 봤던 見者여, 무악골에 그대 흉내하는 시인있거니

세상은 우거지상이어서

안산 · 인왕산 골짜기 무악골엔 점집 · 당골집이 많다
항시 궁금한건 과연 남의 길 · 흉 · 화 · 복 점치긴 치는 걸까?
卜 · 奌 · 周易이 내건 간판 卍과는 달리 세상은 우거지상이어서

악악 발악 못면하거든

卍은 佛心印, 吉祥萬德의 표상인데 나찌는 갈고리 卍으로 썼어
길상만덕이 쓰기에 따라 만덕 아닌 만악의 표상 卍으로 쓰였다니
세상도 그래, 선 앞세운 악에 악악 발악 못면하거든

※ 불심인(佛心印) : 자비로운 부처의 마음이니 대기하여 번뇌가 빠지지 않아 흐려지지 않는 마음에 새긴 도장이란 뜻.

※ 길상만덕(吉祥萬德) : 좋은 운수와 많은 덕행.

덕이 될 줄이야

어떤 식당종업원이 주인 망하라고 몰래 고기를 듬뿍듬뿍 퍼줬단다
그랬더니 망하기는커녕 되레 손님이 몰려들어 대성업이었단다
포탄희량이라고나 할까, 악행도 선행도 아닌 것이 덕이 될 줄이야

※ 포탄희량(抱炭希凉) : 불을 가지고 있으면서 선선하기를 원함이니 행하는 일과 원하는 일이 서로 맞지 않음을 이르는 말.

語畵堂 주인인 것을

어느 눈 맑은 시인 있어 내 시를 노랗게 물들였다던데
시를 색깔로 읽을 수 있는 見者여, 빛깔 뒤의 빛깔도 읽을 줄 알았으면
나는 언어를 채색하는 語畵堂 주인이거든

하나밖엔 모르고들 있으니

긍정의 반대가 부정이란건 하난 알고 둘은 모름이다
악의 부정은 선의 긍정과 같음이니 이치가 그러하지 않은가
둘을 알았을 때만 열리는 긍정의 눈, 헌데 하나밖엔 모르고들 있으니

또 하나 눈을 가졌음이야

시에도 빛깔, 향, 독이 있지. 그중 하날 보고 맡았다고 見者일 순 없지
견자는 빛깔 뒤의 빛깔, 향·독 뒤의 향과 독을 보고 맡을 수 있어야 해
헌데 앞만 보고 뒤를 볼 줄 모르니, 견자는 또 하나 눈을 가졌음이야

욕망으로 열린 길만 좇거니

이마로 연 길 가슴으로 걷기, 가슴으로 걸으며 마음으로 좇기
길이 살아있음이고, 살아있는 길의 귀함을 알고있음 때문이다
헌데, 사람들은 이마와 가슴 아닌 욕망으로 열린 길만 좇거니

그게 답인셈

한편의 시가 뭘 할 수 있을까? 글쎄? 답은 의문부
의문에 또 하나의 못 면하는 겹치기 의문부
그렇긴 해도 만연해 못면하는 악은 아니니, 그게 답인셈

선이 되는 세상이거든

시기와 질투, 옛날엔 몹쓸 악이었지만, 현대엔 경쟁의 에너지지
에너지 없인 한발짝도 불가, 그것이 석유건 휘발유건, 황금이건
시기 · 질투 에너지 삼아 목적이루면 그게 곧 선이 되는 세상이거든

인간 철새들

군집은 고독자의 고향이라던가? 해서 외로움 달래려고 떠난 고향
군중 속의 고독이란 그래서 인게야
조취모산 못 면하고 사는 철새 떼만도 못한 인간 철새들

※ 조취모산(朝聚暮散) : 아침에 모였다가 저녁에 흩어진다는 뜻으로 덧없음을 이르는 말.

그게 궁금해서

MH, MB 정부 다 실패한 정부라는 대권주자들 평가
그 이전의 이전 정부도 그랬어, 실패론은 진행형 릴레이거든
문제는 다음 실패의 바톤 누가 받을지? 그게 궁금해서

등태산이소천하

법 앞에 만인은 평등하다 해도 만인에게 법은 평등하지 않거든
유전무죄, 무전유죄란 말 그 말 아니던가
대법원 · 고등법원 크고높음만 아는 곳대, 등태산이소천하도 그래서지

※ 등태산이소천하(登太山而小天下) : 높은 산에 오르면 세상이 작아 보인다는 뜻이니, 높은 자리에 오르면 사람을 내려다본다는 뜻.

시끌벅적

지금 시골 다녀오는 길인데 서울 조용했소?
어젯밤 TV토론 보니 묵사발께나 깨지겠던데
사발 깨지면 소리 나지 않겠나, 그게 시끌벅적이지

구겨진 주름 못 펴고 사는 것을

홍제동 골짜기 무악골엔 卍를 내건 간판이 많다
길상만덕의 뜻을 지닌 불심의 표상은 좋네마는
어쩐다, 고해의 삶들 구겨진 우거지상 주름 못 펴고 사는 것을

글쎄요?

남을 위해 나를 낮추고 위하고 공경할 줄 아는 것이 정도인데
세상은 나만 높이고 이기만 취하고 나만 앞세우니 역정도행
세상이 잘못된 걸까요? 인간이 잘못된 걸까요? 글쎄요?

혹세무민이나 안 섞여 있을지?

白書엔 검정얼룩이 묻어있고, 帛書엔 비단무늬가 그려져 있다
대권주자들 정치백서엔 무슨 얼룩과 문양이 새겨져 있을까?
글쎄? 얼룩과 문양으론 드러낼 수 없는 혹세무민이나 안 섞여 있을지?

※ 혹세무민(惑世誣民) : 세상 사람을 미혹하여 속임을 뜻하는 말.

입으로 사는 시대

견아상제는 옛말, 지금은 이빨보다 입이 더 무서운 세상
헐뜯고 깎아내리고로는 부족, 비방에 폭로 겸해야 풀리는 입의 직성
말에 베인 상처 칼에 찔림보다 더 아프다던데 저리 입이 많아서야

※ 견아상제(犬牙相制) : 개의 날카로운 이가 서로 엇갈려 있음과 같이 둘이 교차하여 서로 견제한다는 뜻.

다 같이 살인이거든

미국은 권총살인 천국, 코리아는 조총살인 천국
총은 다르지만 다 같이 피 흘리는 살인
쏴죽이나 찔러죽이나 다르지 않는 악마의 총질

왜 불협화음 못 면할까

인류평화 · 행복 위해 울려 퍼지는 크리스마스 캐럴
거리마다 골목마다 화음으로 울려 퍼지는데
복지 · 행복 외치던 정치발음들은 왜 불협화음 못 면할까

폐병 3기여서

OECD국 중 폐결핵 발생율·사망율 코리아가 최고

패거리 정치놀음 꼴사나워 퉤퉤 침 뱉었더니

폐자 돌림으로 번졌나? 폐 아닌 정치·경제마저 폐병 3기니

그것이 문제로다

한국인 결혼율 OECD국 중 3위 동메달인데 출산율은 최하위
결혼하여 무자식인 것은 일광을 잃은 지구와 같다던데
무자식 상팔자냐? 빛 잃은 불행이냐? 그것이 문제로다

•

박진환 시인은 전남 해남 출신으로 동국대 국문학과를 거쳐 중앙대 대학원을 졸업(문학박사)했다. 1960년 동아일보 신춘문예(詩)·1963년 自由文學(문학평론)으로 문단에 데뷔했고, 국제PEN한국본부 사무국장 및 이사, 한국문협 고문을 역임했다. 제9회 시문학상, 제3회 비평문학상, 펜문학상, 윤동주문학상 등을 수상했고, 한서대학교 교수 및 예술대학원장을 역임했으며 현재 월간『조선문학』발행인 겸 주간으로 있다. 중요 저서로는 시집에『귀로』,『사랑법』,『꽃시집』,『三行詩抄』Ⅰ~XI『諷詩調』,『박진환시전집』Ⅰ·Ⅱ·Ⅲ·Ⅳ·Ⅴ,『物神時代』Ⅰ·Ⅱ·Ⅲ·Ⅳ·Ⅴ,『동굴일지』Ⅰ·Ⅱ·Ⅲ·Ⅳ·Ⅴ,『2012년 8월』에서『2013년 7월』까지 51권의 시집이 있고 평론집으로『한국현대시인론』,『현대시론』,『21C시학과 시법』등 다수와『한국시의 공간구조연구』,『21C 시학』,『시창작론』,『諷詩調詩學』외 다수의 역저가 있다.

•

조선문학시인선 341

諷 詩 調 · 26

2012년 12월

2013년 7월 20일 인쇄
2013년 7월 30일 발행

지은이 / 박진환
발행인 / 박진환
펴낸곳 / 조선문학사
등록번호 / 1-2733
주소 / 110-092 서울 서대문구 홍제2동 96-4
전화 / 02-730-2255
팩스 / 02-723-9373

ISBN 978-89-98115-22-7

정가 10,000원

※ 인지는 저자와 합의 하에 생략
※ 잘못된 책은 서점에서 교환해 드립니다.